BEI GRIN MACHT SICH IHR WISSEN BEZAHLT

Theoretischer Hintergrund zum Ankereffekt. Erklärungsansätze und Beeinflussungsfaktoren

Philipp Rowedder

Bibliografische Information der Deutschen Nationalbibliothek:

Die Deutsche Nationalbibliothek verzeichnet diese Publikation in der Deutschen Nationalbibliografie; detaillierte bibliografische Daten sind im Internet über http://dnb.d-nb.de abrufbar.

ISBN: 9783346801470
Dieses Buch ist auch als E-Book erhältlich.

Druck und Bindung: Books on Demand GmbH, Norderstedt Germany
Gedruckt auf säurefreiem Papier aus verantwortungsvollen Quellen

Das vorliegende Werk wurde sorgfältig erarbeitet. Dennoch übernehmen Autoren und Verlag für die Richtigkeit von Angaben, Hinweisen, Links und Ratschlägen sowie eventuelle Druckfehler keine Haftung.

Das Buch bei GRIN: https://www.grin.com/document/1316735

Berufsbegleitender Studiengang zum Master of Science (M. Sc.)

5. Semester

Theoretischer Hintergrund zum Ankereffekt

von Philipp Rowedder

Abgabedatum: 11.09.2019

TABELLENVERZEICHNIS

INHALTSVERZEICHNIS

1. THEORETISCHER HINTERGRUND

1.1. ANKER- UND ANPASSUNGSHEURISTIK

Menschen sind täglich einer Flut an Informationen ausgesetzt. Basierend auf diesen Informationen werden Entscheidungen getroffen und Urteile gefällt. Oftmals ist es nicht verhältnismäßig alle entscheidungsrelevanten Informationen heranzuziehen und zu bewerten. Darüber hinaus müssen Entscheidungen unter Zeitdruck getroffen werden und künftige Ereignisse können nicht vorhergesagt werden. Für Entscheidungen unter Unsicherheit nutzen Menschen Urteilsheuristiken (Raab, Unger & Unger, 2016; Joans & Stroebe, 2014). Heuristiken sind intuitiv, vereinfachen einen komplexen Zusammenhang und führen zu einem schnellen Ergebnis (Shiloh, Salto & Sharabi, 2002). Es sind mentale Abkürzungen (Faustregel oder Daumenregel), die Menschen nutzen, um schnell und effizient zu urteilen. Diese Abkürzungen führen nicht zur richtigen Entscheidung, sind jedoch zweckmäßig und hilfreich (Aronson, Wilson & Akert, 2014). Einer der bekanntesten Urteilsheuristiken ist die Anker- und Anpassungsheuristik (Raab et. al., 2016).

1.1.1. Definition

Der Ankereffekt besagt, dass Jede Zahl die als mögliche Lösung für ein Schätzungsproblem dargeboten wird, die Schätzung in Richtung der Zahl verzerrt. Dabei ist nicht von Bedeutung, ob diese Zahl tatsächlich einen Informationsgehalt besitzt oder nicht. Es ist auch nicht relevant, ob die schätzende Person weiß, dass die vorgegebene Zahl keine Information zum Lösen des Schätzproblems liefert (Kahneman, 2014). In der Literatur wird unterschieden, ob der Anker durch das zu Grunde liegende Problem gegeben ist oder von dem Entscheider selbst generiert wird (Raab, Unger & Unger, 2016):

- Bei der Frage, ob Ghandi über 114 Jahre alt war als er starb, ist der Ankerwert 114 durch die Fragestellung gegeben. Für gewöhnlich schätzen Personen das Alter wesentlich höher ein, als wenn die Ankerfrage auf einen Tod im Alter von 35 Jahren verweist (Kahneman, 2014).

- Bei der Nutzung des selbstgenerierten Ankers wird der gesuchte Wert durch einen Wert ersetzt, der in der Nähe des tatsächlichen Werts vermutet wird – wissend, dass dieser falsch ist. Dieser Wert wird daraufhin korrigiert. Beispielsweise können die meisten Amerikaner die Frage „Wann wurde George Washington Präsident?" nicht auf Anhieb beantworten. Sie wissen jedoch, dass George Washington nach der Unterzeichnung der amerikanischen Unabhängigkeitserklärung 1776 Präsident wurde. Das Jahr 1776 stellt in diesem Fall den selbstgenerierten Anker zur Beantwortung der Frage dar (Kahneman, 2014).

Der Ankereffekt ist im Gegensatz zu vielen anderen psychologischen Phänomenen messbar. Der Ankerungsindex gibt an, wie stark der Ankereffekt ist (Kahneman, 2014). Besuchern des San Francisco Exploratorium wurde eines der beiden Fragenpaare gestellt:

- Beträgt die Höhe des größten Küstenmammutbaums mehr oder weniger als 55 Meter?
- Wie hoch ist Ihrer Meinung nach der größte Küstenmammutbaum?

- Beträgt die Höhe des größten Küstenmammutbaums mehr oder weniger als 366 Meter?
- Wie hoch ist Ihrer Meinung nach der größte Küstenmammutbaum?

Die Zahlenwerte 55 und 366 stellten in diesem Experiment die Ankerwerte dar. Die geschätzten Mittelwerte (86 Meter zu 257 Meter) wichen um 171 Meter ab. Der Ankerindex, sprich das Verhältnis zwischen den beiden Differenzen (257-86) / (366-55), betrug 55 %. Ein Ankerwert von 100 % drückt aus, dass Personen den Anker 1:1 als Schätzwert übernehmen würden (Jacowitz & Kahneman, 1995).

Die Mächtigkeit von Ankern, auch bei Werten ohne Informationsgehalt, wurde insbesondere in einem Experiment mit deutschen Richtern und Staatsanwälten, die durchschnittliche eine Berufserfahrung von über 10 Jahren vorweisen, aufgezeigt. Diese Justizexperten ($n = 42$) lasen eine Beschreibung zu einem Ladendiebstahl und mussten daraufhin einen gezinkten Würfel werfen. Der Würfel zeigte, entweder die Zahl Drei oder die Zahl Neun. Nach dem Würfeln wurden den Richtern folgende Fragen gestellt:

- Würden Sie die Ladendiebin zu einer Freiheitsstrafe verurteilen, die kleiner oder größer als die Würfelzahl ist?
- Zu welcher Freiheitsstrafe würden Sie die Ladendiebin verurteilen?

Teilnehmer, die eine Neun gewürfelt hatten, würden die Frau zu durchschnittlich acht Monaten Freiheitsstrafe verurteilen. Richter und Staatsanwälte die eine Drei würfelten, zu fünf Monaten. Der Ankereffekt betrug bei diesem Experiment 50 Prozent (Englich, Mussweiler & Strack, 2006). Die Stärke von Ankern ohne jeglichen Informationsgehalt konnte auch von Critcher und Gilovtich (2008) aufgezeigt werden. Die Forscher zeigten, dass die Trikotnummer eines Athleten einen Einfluss auf die Beurteilung seiner Leistungsfähigkeit hat. Ebenso dass der Name eines Restaurants (Studio 17 oder Studio 97) einen Einfluss auf die geschätzten Ausgaben dort hat.

Die Stärke des Ankereffekts kann jedoch reduziert werden. Das Vorzeigen von Argumenten, die den Ankerwert als unangemessen darstellen, ist eine erfolgreiche Strategie, die Beeinflussung zu reduzieren (Mussweiler, Strack & Pfeiffer, 2000). Andere Strategien, wie das Vorwarnen vor dem Effekt und die Incentivierung für Sorgfalt, führten zu gegensätzlichen Ergebnissen. Nicht in allen Fällen konnte der Effekt reduziert werden (Elpey & Gilovich, 2005; LeBoeuf & Shafir ,2009; Tversky & Kahnemann, 1974; Wilson, Housten, Etling & Brekke, 1996). Der Ankerwert beeinflusst ebenfalls Entscheidungen, die nicht direkt im Anschluss fällig sind. Mussweiler (2003) konnte aufzeigen, dass Entscheidungen die eine Woche später zu treffen waren verzerrt wurden. Demnach beeinflusst der Ankereffekt Personen über einen längeren Zeitraum.

1.1.2. Erklärungsansätze

Tversky und Kahneman (1974) schlugen erstmalig einen unzureichenden Anpassungsprozess als Erklärungsansatz vor. Nach diesem Ansatz orientieren sich die schätzenden Personen anfangs an den dargestellten oder selbstgenerierten Anfangswert und korrigieren diesen, den sogenannten Anker, bis das endgültige Urteil erreicht wird. Diese Anpassung endet meist zu früh und sobald die schätzenden Personen sich nicht mehr sicher sind, ob eine weitere Anpassung sinnvoll wäre. Daraus resultiert, dass je unzureichender die Anpassung des

Ausgangswerts, desto höher der Ankereffekt und vice versa. Studien von Wegener, Petty, Detweiler-Bedell und Jarvis (2001), sowie Mussweiler und Strack (2001a) zeigen jedoch, dass unplausible und extreme Ankerwerte den Ankereffekt im Vergleich zu plausiblen Ankerwerten verringern.

Strack und Mussweiler (1997) erklären, dass der Ankerwert als Referenzpunkt diene, um gedanklich einen Rahmen an plausiblen Werten zur Beantwortung der Frage zu bilden. Annehmend, dass der gegebene Ankerwert ein Extremwert ist, der nicht im Rahmen der plausiblen Werte liegt. Dies würde bedeuten, dass der von Kahneman und Tverskey (1974) vorgeschlagene Anpassungsprozess mental besonders aufwendig ist. Schließlich muss ein Rahmen an möglichen Werten mental geschaffen und geprüft werden.

Eply und Gilovich (2005) legten dar, dass der Anpassungsprozess bewusst vorgenommen wird und mühsam ist. Versuchsteilnehmer korrigierten Ankerwerte weniger stark, wenn sie mental erschöpft waren oder Alkohol getrunken hatten. Weitere Experimente von Eply und Gilovich (2006) zeigten, dass die Schätzungen der Probanden sich bei selbstgenerierten Ankern verbesserten, wenn diese vor einem unzureichenden Anpassungsprozess gewarnt oder für längere Überlegungen incentiviert wurden. Dieselben Warnungen führten bei Experimenten mit vorgegebenem Anker zu keiner Verbesserung der Schätzwerte. Sie argumentieren, dass ein vorgegebener Ankerwert scheinbar als valider angesehen wird und Personen diesem eine höhere Relevanz bzw. einen höheren Informationsgehalt zuschreiben. Unterschiedliche Forschungen weisen darauf hin, dass der Effekt bei Abnahme des persönlichen Interesses an der Problematik und Vertrautheit zu den Themen, also auch bei Zunahme der Uneindeutigkeit/ Mehrdeutigkeit der Fragestellung stärker wird (Van Exel, Brouwer, van den Berg & Koopmanschap, 2006). Diese Erklärungsansätze haben gemein, dass sie unzureichende Anpassungsprozesse als Grund für Ankereffekt verantwortlich machen.

Ein weiterer Erklärungsansatz liegt in der selektiven Wahrnehmung. Bei der Frage „War Gandhi mehr oder weniger als 144 Jahre alt, als er starb?" erzeugt das Gehirn die Assoziation eines sehr alten Menschen. Diese Assoziation wird als wahr angenommen, die daraufhin selektive Aktivierung von kompatiblen Gedanken führt zu einer Reihe

4

systematischer Fehler. Die Fehler machen Menschen leichtgläubig und anfällig dafür, dieser Überzeugung zu vertrauen (Kahneman, 2014). Mussweiler's und Strack's (2000) Experimente lieferten überzeugende Hinweise für diesen Erklärungsansatz. In einem Experiment fragten Sie Teilnehmer eines der jeweiligen Fragen-Paare:

- Ist die Jahresdurchschnittstemperatur in Deutschland höher oder niedriger als zwanzig Grad Celsius?
- Wie hoch ist die Jahresdurchschnittstemperatur in Deutschland?
- Ist die Jahresdurchschnittstemperatur in Deutschland höher oder niedriger als fünf Grad Celsius?
- Wie hoch ist die Jahresdurchschnittstemperatur in Deutschland?

Im Anschluss wurden den Teilnehmern Wörter dargeboten, die sie erkennen sollten. Personen, die vorab mit zwanzig Grad Celsius konfrontiert wurden, erkannten Sommerbezogene Wörter (z. B. heiß und Sonne) schneller als Wörter mit Winter-Bezug (z. B. Schlitten, Kälte, Ofen). Die Gruppe, die den Ankerwert Fünf Grad Celsius sah, erkannte die Wörter mit Winterbezug schneller. Sprich die selektive Aktivierung kompatibler Gedächtnisinhalte, demnach die jeweiligen Zahlen (fünf oder zwanzig) verursachen Vorstellungskomplexe im Gedächtnis. Dies könnte erklären, weshalb irrelevante Anker (Würfeln des Ankerwerts oder Drehen eines Glücksrads) und extreme Ankerwerte die Schätzung beeinflussen. Die Werte würden, auch wenn Sie nicht plausibel sind, ankerkonsistente Informationen aktivieren.

In der Psychologie werden seit Jahrzehnten zwei Denkmodi untersucht. Diese Denkmodi werden meist als System 1 und System 2 bezeichnet und bilden die Grundlagen für einen weiteren Erklärungsansatz (Kahneman, 2014). Die Systeme unterscheiden sich wie folgt:

- System 1 arbeitet ohne willentliche Steuerung, weitgehend mühelos, automatisch und schnell. Beispiele für Aktivitäten, die System 1 zugeordnet werden sind folgende:
  o Die Feindseligkeit aus einer Stimme heraushören
  o leichte Mathematik Aufgaben lösen (2 + 2 = ?)
  o Das Fahren mit dem Auto über eine leere Straße
  o Ein angewidertes Gesicht ziehen, wenn man ein grauenvolles Bild sieht

- o Angeborene Fähigkeiten
- System 2 lenkt die Aufmerksamkeit der Person auf mentale Aktivitäten. Diese mentalen Aktivitäten können nicht vollzogen werden, wenn die Aufmerksamkeit entzogen wird. Beispiele für Aktivitäten von System 2 sind:
  - o Zählen wie oft ein bestimmter Buchstabe auf einer Textseite vorkommt
  - o Jemandem seine Telefonnummer mitteilen
  - o Eine Steuererklärung anfertigen
  - o Die Gültigkeit einer logischen Beweisführung prüfen

Nach diesem Erklärungsansatz können Ankerwerte als Hinweis angesehen werden oder den Informationsverarbeitungsprozess zur Abgabe der Schätzung beeinflussen. Bei der leichten Verarbeitung über System 1 wird der Ankerwert als Hinweis auf eine mögliche Antwort gesehen. Bei der Verarbeitung über System 2 werden für die Schätzung, mental aufwendig, weitere Informationen verarbeitet. Dieser Vorgang führt zu einer Aktivierung von ankerkonsistenten Informationen. Zusammenfassend führen beide Verarbeitungswege zu einer Verzerrung. Die Verarbeitung über System 1 führt zu einer Verzerrung, weil der Anker leichtgläubig als mögliche Antwort wahrgenommen wird und die Verarbeitung über System 2 führt zu einer Verzerrung aufgrund der Aktivierung der ankerkonsistenten Informationen (Furnham & Chu Boo, 2010).

Strack, Bahník und Mussweiler (2016) schlussfolgern in ihrem Review, dass abgesehen von den verfügbaren Informationen, unterschiedliche Denkprozesse zu einer Verzerrung des Urteils in Richtung des Ankers führen können. Welcher Denkprozess bei der Entscheidung dominiert, hängt von unterschiedlichen Faktoren ab. Infolgedessen sind unterschiedliche Erklärungsansätze, je nach Situation und Fragestellung, als Erklärung möglich.

Die aktuelle und überwiegende in der Literatur verbreitete Meinung ist, dass der Ankereffekt aus der Aktivierung von ankerkonsistenten Informationen resultiert (Chapman & Johnson, 1999; Mussweiler & Strack, 1999, 2001b; Strack und Mussweiler, 1997; Wegener, Petty, Blankenship & Detweiler-Bedell, 2010). Es wird angenommen, dass Personen den Ankerwert als plausible Antwort sehen und die Hypothese prüfen, ob der Ankerwert der korrekte Wert ist. Bei dieser mentalen Prüfung suchen Personen nach Lösungen die ähnlich des Ankerwerts sind. Das Ergebnis der Suche ist die Aktivierung von Informationen, die konsistent mit dem Ankerwert sind. Der Erklärungsansatz selektiver Wahrnehmung und der Verarbeitung der Prozesse wird insbesondere durch empirische Untersuchungen von Chapman & Johnson (1999) sowie Stack und Mussweiler (1997) unterstützt. Die Tabelle 1 zeigt abschließend die wesentlichen Erklärungsansätze.

Tabelle 1
Erklärungsansätze für den Ankereffekt nach Furnham und Chu Boo (2010)

Erklärungsansatz	Quelle	Forschungsergebnis
Anpassungsprozess	Tversky & Kahneman (1974)	Der Ankereffekt ist das Resultat eines aufwändigen und unzureichenden Anpassungsprozesses des Ankerwerts.
	Epley & Gilovich (2001, 2005)	Der Ankerwert dient Personen einen Rahmen an plausiblen Werten zur Beantwortung der Frage zu entwerfen. Annehmend, dass der Ankerwert ein Extremwert ist, der außerhalb des Rahmens an plausiblen Werten liegt. Von diesem Wert aus führen Personen den Anpassungsprozess durch.
Selektive Wahrnehmung	Chapman & Johnson (1999), Mussweiler & Strack (1999, 2001b), Strack & Mussweiler (1997)	Personen testen gedanklich die Hypothese, dass der Ankerwert plausibel und der korrekte Wert ist. Dabei suchen sie nach Lösungen die ähnlich des Ankerwerts sind. Das Ergebnis der Suche ist die Aktivierung von Informationen die konsistent mit dem Ankerwert sind.
Denkprozesse	Blankenship, Wegener, Petty, Detweiler-Bedell & Macy (2008) Wegener et al. (2001, 2010)	Der Anker dient als Hinweis oder beeinflusst indirekt den Informationsverarbeitungsprozess und dies führt zu einer Schätzung, die in der Nähe des Ankers liegt. Bei nicht kritischem Nachdenken (*Low-elaboration anchoring*) über System 1 werden Anker als Hinweise auf eine mögliche Antwort gesehen.Bei kritischer Betrachtung (*High-elabroative anchoring*) über System 2 verarbeitet die Person bereits existierende Informationen und aktiviert damit Anker-Konsistente Informationen, welche das Urteil beeinflussen.

1.1.3. Einflüsse auf den Ankereffekt

Untersuchungen zeigen, dass es Faktoren gibt, welche die Anfälligkeit für den Ankereffekt beeinflussen. Diese Einflüsse werden in Tabelle 2 dargestellt und in den darauffolgenden Text näher erläutert.

Tabelle 2
Faktoren die den Ankereffekt beeinflussen

Faktoren	Quelle	Forschungsergebnis
Stimmung/ Gemütslage	Bodenhausen, Gabriel & Lineberger (2000), Englich & Soder (2009)	Die Gemütslage hat einen signifikanten Einfluss auf den Ankereffekt. Teilnehmer in einer schlechten Gemütslage sind anfälliger für den Effekt, als Teilnehmer der Vergleichsgruppe in neutraler oder positiver Gemütslage.
Wissen, Erfahrung und Expertise	Wilson, Houston, Etling & Brekke (1996), Englich & Mussweiler (2001), Englich & Soder (2009) Englich, Mussweiler & Strack (2005, 2006), Northcraft & Neale (1987)	Personen, die einen hohen Erfahrungsschatz oder viel Wissen über eine Thematik haben, lassen sich von dem Anker weniger stark beeinflussen. Jedoch wird auch das Urteil von Experten von dem Ankereffekt beeinflussen.
Motivation, Vorwarnung und Incentivierung für Sorgfalt	Elpey & Gilovich (2005)	Das Vorwarnen der Teilnehmer vor dem Ankereffekt wirkt bei selbstgenerierten Ankern, jedoch nicht bei vorgegebenen Ankern.
	LeBoeuf & Shafir (2009)	Die Anweisung, besonders gründlich die Aufgabe zu bearbeiten, führt zu keinem signifikanten Einfluss auf den Ankereffekt.
	Tversky & Kahneman (1974)	Warnungen, bei denen Teilnehmer über Unzulänglichkeiten während des Anpassungsprozesses informiert werden, schwächen den Ankereffekt.
	Wilson, Houston, Etling & Brekke (1996)	Der Ankereffekt kann trotz Vorwarnung und Incentivierung der Teilnehmer nicht wesentlich beeinflusst werden
Persönlichkeit	Eroglu & Croxton (2010) McElroy & Dowd (2007)	Personen mit hoher Gewissenhaftigkeit, Verträglichkeit und Extravertiertheit sind anfälliger für den Ankereffekt.
Kognitive Belastung	Bergman, Ellingsen, Johannesson & Svensson (2010)	Der Ankereffekt nimmt mit der Zunahme der kognitiven Belastung zu.
	Oechssler, Roider & Schmitz (2009)	Es konnte kein signifikanter Einfluss der kognitiven Belastung auf den Ankereffekt festgestellt werden.
Alkohol	Epley & Gilovich (2006)	Bei alkoholisierten Probanden tritt der Ankereffekt stärker auf.
Kopfbewegungen	Epley & Gilovich (2001)	Das Nicken bei der Beantwortung von Fragen, die einen selbstgenerierten Anker erzeugen, verstärkt den Ankereffekt.

Studien von Bodenhausen et al. (2000) als auch Englich und Soder (2009) zeigen, dass Versuchsteilnehmer in einer negativen Gemütslage für den Ankereffekt anfälliger sind als glückliche oder neutrale Personen. Eine traurige Gemütslage veranlasst Personen zu mühevolleren Denkprozessen, bei welchen sie Informationen basierend auf deren bisherigen Wissen und Erfahrungen interpretieren und festlegen, ob die Behauptung akzeptabel ist oder nicht (Blankenship et al., 2008). Nach dem Erklärungsansatz der selektiven Wahrnehmung führt ein trauriger Gemütszustand zu mühsamen Informationsverarbeitungsprozessen, welche zu der Suche nach ankerkonsistenten Informationen führt. Die Fokussierung auf diese Informationen führt zu einer Schätzung in der Nähe des Ankerwerts (Furnham & Chu Boo, 2010). Der Ankereffekt stellt damit eine Ausnahme dar, da Studien für gewöhnlich aufzeigen, dass Personen Informationen effizienter verarbeiten, wenn Entscheider in einem traurigen Gemütszustand sind. In einem fröhlichen Gemütszustand gebrauchen Personen zur Informationsverarbeitung meist oberflächliche oder heuristischen Strategien, welche zu Fehlurteilen führen (Schwarz, 1990, 1998). Studien zeigen, dass Experten, welche in dem befragten Gebiet über Fachwissen verfügen, ebenfalls dem Ankereffekt unterleiden. In einem Versuch sollten Immobilienmakler den Wert eines Haues einschätzen das zum Verkauf stand. Vor der Abgabe des Wertes besichtigten die Teilnehmer das Haus und erhielten umfangreiches Informationsmaterial. Das Informationsmaterial enthielt eine Preisforderung. Eine Hälfte der Immobilienmakler erhielt eine Preisforderung, die stark über dem Listenpreis lag und die andere Hälfte eine, die stark darunter lag. Im Anschluss sollten die Teilnehmer einen angemessenen Preis und den niedrigsten Preis nennen, zu welchem sie das Haus verkaufen würden. Der Ankerindex betrug bei diesem Experiment 41 Prozent, demnach ließen sich die Experten stark von der Preisforderung beeinflussen. Bei einer Vergleichsgruppe mit BWL-Studenten betrug der Ankerindex 48 Prozent und lag daher nahe dem Ergebnis der Experten (Northcraft & Neale, 1987). Experimente wie dieses zeigen, dass Expertise den Ankereffekt nicht signifikant reduziert. Eine Erklärung könnte kritisches Nachdenken (*high-elaboration*) sein, bei dem der Entscheider viele zur Verfügung stehende Informationen verarbeitet und gezielt nach ankerkonsistenten Informationen sucht. Darüber hinaus fühlen Experten sich bei der Abgabe des Urteils wesentlich selbstsicherer und geben an, sich von vorgeschlagenen Werten nicht beeinflussen zu lassen. Selbstbewusstsein und das Gefühl der Sicherheit könnte zu unzureichenden Anpassungsprozessen führen, bei denen das Resultat ein Ergebnis in Richtung des Ankerwerts ist (Furnham & Chu Boo, 2010). Untersuchungen, welche Versuchsteilnehmer vor dem Ankereffekt warnen oder Teilnehmer für sorgfältiges Bearbeiten von Aufgaben incentivieren, zeigen widersprüchliche Ergebnisse. Experimente von Tversky und Kahneman (1974) führten zu der Schlussfolgerung, dass eine Bezahlung für sorgfältiges Arbeiten, zur Reduzierung des Ankereffekts, keine Auswirkungen hat. Wilson et al. (1996) zeigten ebenfalls, dass Warnungen und Incentives den Ankereffekt nicht eliminieren können.

Anderseits gibt es Studien die einen Effekt von Warnungen vor unzureichenden Anpassungsprozessen bei selbstgenerierten Ankern nachweisen konnten (LeBoeug & Shafir, 2009; Epley & Gilovich, 2005). Es lässt sich zusammenfassen, dass der Ankereffekt äußerst robust ist. Maßnahmen zur Erhöhung der Motivation/Sorgfalt konnten nur bedingt zu einer Verbesserung der Schätzwerte führen. Der Ankereffekt tritt sogar auf, wenn Personen willentlich versuchen diesem Effekt nicht zu unterliegen. Die Persönlichkeit hat ebenfalls einen Einfluss auf die Informationsverarbeitung im Entscheidungsprozess. Es gibt wenige Studien über die Beziehung zwischen dem Ankereffekt und der Persönlichkeit. Die durchgeführten Studien basieren meist auf dem Modell der Big-Five (Offenheit, Gewissenhaftigkeit, Neurotizismus, Verträglichkeit und Extraversion) (Furnham & Chu Boo, 2010). Die Untersuchungen legen nahe, dass Personen mit hoher Gewissenhaftigkeit, Verträglichkeit und Extravertiertheit anfälliger für den Ankereffekt sind (Eroglu & Croxton, 2010; McElroy & Dowd, 2007). Es lässt sich festhalten, dass erste Hinweise vorliegen, es jedoch keine empirischen Beweise für den Einfluss von Persönlichkeitsmerkmalen auf den Ankereffekt gibt. Personen unterliegen allesamt dem Ankereffekt, jedoch unterschiedlich stark. Kognitive Fähigkeiten werden ebenfalls als möglicher Einflussfaktor auf den Ankereffekt diskutiert. Bergman et al. (2010) untersuchten die Beziehung zwischen kognitiven Fähigkeiten und dem Ankereffekt bei ökonomischen Entscheidungen. Die Auswertung der Untersuchungen zeigt eine Abnahme des Ankereffekts bei Zunahme der kognitiven Fähigkeiten. Der Effekt nimmt zwar ab, ist jedoch weiterhin messbar und hat einen signifikanten Einfluss auf die Entscheidungsfindung. Hingegen zeigen Studien von Oechssler et al. (2009), dass Personen nach hoher kognitiver Belastung anfälliger für den Ankereffekt seien. Die unterschiedlichen Ergebnisse weisen darauf hin, dass bisherige Versuche scheiterten einen direkten systematischen Zusammenhang zwischen kognitiver Belastung und dem Ankereffekt aufzuzeigen und zu erklären.

Epley und Gilovich (2001) demonstrierten, dass das Kopfnicken oder Kopfschütteln einen Einfluss auf den Effekt haben. In einem vorgetäuschten Produkttest wurden Probanden gebeten, Kopfhörer durch vorgegebene Kopfbewegungen zu testen. Über die Kopfhörer wurden den Teilnehmer 16 Ankerfragen zur Beantwortung gestellt. Als Fragen dienten unter anderem bereits von Kahneman und Jacowitz getestete Fragen, die den höchsten Ankerungsindex aufwiesen. Bei selbstgenerierten Ankern führte das Kopfnicken zu

Schätzungen in der Nähe der Ankerwerte. Epley und Gilvoich argumentieren, dass die Kopfbewegung die Bereitschaft erhöht einen spontanen Wert, der ihnen zu Beantwortung eingefallen ist, zu akzeptieren.

Epley und Gilovich (2016) zeigten ebenfalls durch eine Befragung von Teilnehmern des jährlichen „Cornell's Slope Day" Festivals den Einfluss von Alkohol. Bei diesem Fest feiern die Studenten das Ende des akademischen Jahres und konsumieren dabei meist Alkohol. Die eine Gruppe der Teilnehmer (n = 66) beantwortete zwei Fragen, für die ein selbstgenerierter Anker nötig war, die anderen Teilnehmer (n = 74) antworteten auf zwei Fragen mit experimentellen Ankern. Darüber hinaus wurden alle Teilnehmer gefragt, ob sie innerhalb der letzten 12 Stunden Alkohol konsumiert haben. Die Schätzung der Studenten, die kein Alkohol konsumiert hatten lag im Durschnitt weiter vom Ankerwert entfernt, als die der Vergleichsgruppe. Die Autoren schlussfolgern, dass die Qualität des Anpassungsprozesses von dem Willen und der Fähigkeit den Prozess nach Erreichen eines plausiblen Werts fortzusetzen, abhängt. Der Wille und die Fähigkeit kann durch den Alkoholkonsum beeinflusst werden.

1.1.4. Operationalisierung des Effekts

Eine Vielzahl an Studien zeigt die Relevanz des Ankereffekts beim Treffen von Entscheidungen. Diese Studien konnten den Ankereffekt in unterschiedlichsten Bereichen und Szenarien nachweisen. Tabelle 3 ist eine nicht abschließende Übersicht der durchgeführten Experimente. Bei der Durchsicht der Studien fällt auf, dass die Ankerwerte insbesondere in Fragen zum Allgemeinwissen platziert wurden

Tabelle 3
Beispiele der Operationalisierung des Ankereffekts

Bereich	Quelle	Beispiele der Fragestellung
Allgemeinwissen und Fragen zu Fakten	Blankenship et al. (2008)	• Die jemals Höchste gemessene Tagestemperatur in Seattle, Washington
	Wegener et al. (2001)	• Das Alter von George Washington als er starb • Das jährliche Durchschnittseinkommen von College Absolventen in den USA
	Epley & Gilovich (2005)	• Wie lang ist der Fluss Mississippi? • Wie hoch ist der Mount Everest?

Schätzung von Wahrscheinlichkeiten	Chapman & Johnson (1999)	• Wie wahrscheinlich ist es, dass US-Truppen nächstes Jahr in das ehemalige Jugoslawien gesendet werden, um militärisch zu intervenieren?
	Plous (1989)	• Wie ist die Wahrscheinlichkeit eines Atomkrieges?
Rechtliche Urteile	Englich, Mussweiler & Strack (2006)	• Welchen Strafantrag würden Sie empfehlen?
Einkaufsentscheidungen	Ariely et al. (2003)	• Zahlungsbereitschaft für eine Auswahl an Produkten
	Mussweiler, Strack & Pfeiffer (2000)	• Den Wert eines 10 Jahre alten Autos schätzen
Vorhersagen	Critcher & Gilovich (2008)	• Vorhersagen über die Leistung eines Athleten • Vorhersage über die Ausgaben in einem Restaurant
	Thomas & Handley (2008)	• Vorhersage über die Bearbeitungsdauer einer Aufgabe
Verhandlungen	Galinsky & Mussweiler (2001)	• Verhandlungen über den Mitarbeiter-Bonus
Selbsteffizienz	Cervone & Peake (1986)	• Anzahl der Items, welche die Teilnehmer der Meinung sind lösen zu können

In der Forschung variiert ebenfalls die Präsentation des Ankerwerts. Wie im Kapitel Definition erläutert, wird zwischen selbstgenerierten Ankerwerten und durch die Aufgabenstellung gegebenen Ankerwerten unterschieden. Tabelle 4 zeigt, in welcher Form der Ankerwert in Rahmen der Aufgabenstellung präsentiert wurde, um die Entscheidung zu beeinflussen.

Tabelle 4
Präsentationsmöglichkeiten des Ankerwerts

Präsentationsmedium	Quelle	Beschreibung der Präsentation
Würfel	Englich, Mussweiler & Strack (2006)	• Richter und Staatsanwälte würfeln einen gezinkten Würfel, der eine drei oder eine neun zeigt, bevor sie eine Empfehlung für eine Freiheitsstrafe aussprechen.
Glücksrad	Tversky & Kahneman (1974	• Ein Glücksrad bleibt, je nach Versuchsgruppe, auf 10 oder 65 stehen. Im Anschluss schätzen die Probanden die Anzahl afrikanischer Staaten in den Vereinten Nationen.
Gezogene Karte	Thomas & Handley (2008)	• Auf einer gezogenen Karte steht die Bearbeitungszeit, die eine andere Person für dieselbe Aufgabe benötigte.
Informationsbroschüre mit einer Preisforderung	Northcraft & Neale (1987)	• Makler sollten nach der Besichtigung und Durchsicht der Unterlagen einen angemessenen Verkaufspreis für eine Immobilie nennen.
Preistafel im Supermarkt	Wansink, Kent & Hoch (1998)	• Im Supermarkt wurde das Schild „Maximal zwölf Dosen pro Person angebracht".

| Videomaterial | Hastie, Schkade & Payne (1999) | • Eine Jury prüft, ob ein Recht auf Schadensersatz besteht und falls ja in welcher Höhe. Informationen zu dem Fall entnahmen Sie zuvor einem Video. Je nach Gruppe änderten sich im Video genannte Zahlenwerte. |
| Bildschirm für wenige Sekunden | English & Mussweiler (2005) | • Der Ankerwert wird für wenige Sekunden auf einem Bildschirm präsentiert und lediglich vom Unterbewusstsein wahrgenommen. |

1.1.5. Ankereffekte mit einem Praxisbezug

Dass der Ankereffekt außerhalb des Labors gezielt als Instrument eingesetzt werden kann, zeigen die in Tabelle 5 dargestellten Experimente. Einige dieser Experimente werden anschließend näher erläutert und verdeutlichen, dass Unternehmen diesen Effekt in der Praxis in unterschiedlichsten Szenarien einsetzen können.

Tabelle 5
Beispiele, für die Nutzung des Ankereffekts in der Praxis

Praxisbezug	Quelle	Kurzbeschreibung
Spendenbereitschaft für Umweltprojekte	Kahneman (2014)	• Ein höherer Ankerwert, führte zu einer höheren Spendenbereitschaft
Gekaufte Menge im Supermarkt	Wansink, Kent & Hoch (1998)	• Die Limitierung der maximalen Abnahmemenge führt zu höheren Verkaufsmengen
Immobilienpreise	Ünveren & Baycar (2019)	• Die Hausnummer beeinflusste die Schätzung der Immobilienpreise
Zeitschätzungen bei Projektarbeit	Lorko, Servátka & Zhang (2019)	• Obwohl Erfahrungswerte vorliegen, lassen sich Personen von gesetzten Ankerwerten bei der Schätzung der Bearbeitungszeit beeinflussen
Leistungsbeurteilung	Thorsteinson, Breier, Atwell, Hamilton & Privette (2008)	• Personen lassen sich bei der Leistungsbeurteilung von anderen Personen durch Anker beeinflussen
Vorhersage der Verkaufsmengen	Critcher & Gilovich (2008)	• Die Modelnummer beeinflusst die Schätzung der Verkaufsmenge
Verhandlung eines Mitarbeiterbonus	Galinsky & Mussweiler (2001)	• Das erste Angebot ist entscheidend für die Verhandlung des Bonus eines Mitarbeiters
Vorhersage über die Höhe der Ausgaben	Critcher & Gilovich (2008)	• Der Name (Studio 17 oder Studio 97) beeinflusst die Vorhersage über die Ausgaben in dem Restaurant
Finanzentscheidungen unter Zeitdruck	Jetter & Walker (2017)	• Irrelevante Dollarbeträge die kurz vor der Entscheidung präsentiert werden, beeinflussen das Urteil

13

Teilnehmern einer Studie im Exploratorium in San Francisco wurde von Umweltschäden durch Öltanker im Pazifik erzählt. Daraufhin wurden die Teilnehmer ihrer Bereitschaft gefragt, eine jährliche Geldspende zu leisten um 50.000 Seevögeln vor kleinen Ölteppichen in Küstennähe zu schützen. Je nach Gruppe erhielten die Teilnehmer eine der drei Fragestellung:

* Welchen Geldbetrag wären Sie bereit zu spenden?
* Wären Sie bereit 5 Dollar zu bezahlen?
* Wären Sie bereit 400 Dollar zu bezahlen?

Die allgemeine Frage führte bei den Besuchern (umweltbewusste Personen) zu einer Zahlungsbereitschaft von 64 Dollar. Der Ankerbetrag in Höhe von 5 Dollar zu einer Bereitschaft von 20 Dollar und der Anker von 400 Dollar zu einen durchschnittlichen Spendenbereitschaft von 143 Dollar. Eine Anpassung des Ankerwerts führt zu einer erhöhten Spendenbereitschaft von 123 Dollar. Daraus lässt sich Schlussfolgern, dass die Steigerung der Forderung um 100 Dollar, zu einer Rendite von ca. 30 Dollar führt. Anzumerken ist jedoch, dass die Zahlungsbereitschaft bei Extremwerten höchstwahrscheinlich abnimmt (Kahneman, 2014).

Ein Supermarkt nutze den Ankereffekt in Form einer Rationierung als erfolgreiche Marketingstrategie. Der Supermarkt in Sioux City bot in einem Aktionszeitraum Suppen für etwa 10 % des regulären Preises an. An einigen Tagen warb das Unternehmen an Regalen mit dem Schild „Maximal zwölf Dosen pro Person", an anderen Tagen mit „Keine Begrenzung pro Person". Die Limitierung der Menge führte zu einer Verdopplung der Abverkaufsmenge (Wansink, Kent & Hoch, 1998). Das Phänomen des Ankereffekts stellt demnach auch bei Kaufentscheidungen eine relevante Entscheidungsverzerrung dar.

Ein weiteres Beispiel ist das bereits erläuterte Experiment mit Immobilienmaklern. In einem Versuch sollten Immobilienmakler den Wert eines Haues einschätzen, das zum Verkauf stand. Der Ankerindex betrug bei diesem Experiment 41 Prozent, demnach ließen sich die Experten stark von der Preisforderung beeinflussen. Bei einer Vergleichsgruppe mit BWL-Studenten betrug der Ankerindex 48 Prozent und lag daher nahe dem Ergebnis der Experten (Northcraft & Neale, 1987).

Die Auswirkung von irrelevanten Informationen auf den Immobilienwert, wurde von Ünveren und Baycar (2019) anhand von Istanbuler Grundbucheinträge aus dem Jahre 1875 dargestellt. Die Schätzung der Immobilienwerte wurden damals durchgeführt, um darauf basierend die Steuern zu berechnen. Die Wissenschaftler kamen nach der Analyse aller vorhandenen Variablen wie Mietpreis, Größe, Region, Anzahl der Räume, Bausubstanz etc. und Betrachtung der Stadtpläne zu der Schlussfolgerung, dass es einen signifikanten Zusammenhang zwischen der Hausnummer des Objekts und des, von den Beamten geschätzten, Immobilienwerts gibt.

Der Erfolg von Projekten in Unternehmen hängt unter anderem von den Projektplänen ab. Falsche Schätzungen, wie zum Beispiel zu der Dauer von Projektphasen, haben einen direkten Effekt auf die Ressourcenplanung. Geringe Schätzungen führen zu fehlenden Ressourcen und Projektstillstand, zu hohe Schätzungen blockieren Ressourcen wie Mitarbeiter, die an anderen Projekten arbeiten können. Lorko, Servátka und Zhang (2019) untersuchten in Laborexperimenten den Unterschied von niedrigen und hohen Ankerwerten im Vergleich zu Kontrollgruppen. Deren Ergebnisse weisen darauf hin, dass Personen auch bei wiederholenden

Aufgaben, bei denen sie bereits Erfahrung gesammelt haben, sich bei der Schätzung an den

Ankern orientieren. Sie schlussfolgern, dass gesetzte Anker einen langfristigen Effekt auf

künftige Schätzungen und demnach das Projekt haben.

2. LITERATURVERZEICHNIS

Alaoui-Ismaili, O., Vernet-Maury, E., Dittmar, A., Delhomme, G. & Chanel, J. (1997). Odour
hedonics: connection with emotional response estimated by autonomic parameters. Chemical
Senses, 22, 237–248.

Ariely, D., Loewenstein, G. & Prelec, D. (2003). "Coherent Arbitrariness": stable demand curves
without stable preferences. The Quarterly Journal of Economics, 118,
73–105.

Aronson, E., Wilson, T. & Akert, R. (2014). Sozialpsychologie (8. Auflage). Hallbergmoos: Pearson.

Bellebaum, C., Thoma, P. & Daum, I. (2012). Neuropsychologie. Wiesbaden: Springer.

Bergman, O., Ellingsen, T., Johannesson, M. & Svensson, C. (2010). Anchoring and cognitive ability.
Economics Letters, 107, 66–68.

Birbaumer, N. & Schmidt, R. F. (2010). Biologische Psychologie (7. Auflage). Heidelberg: Springer.

Blankenship, K. L., Wegener, D. T., Petty, R. E., Detweiler-Bedell, B. & Macy, C. L. (2008).
Elaboration and consequences of anchored estimates: an attitudinal perspective on numerical
anchoring. Journal of Experimental Social Psychology, 44, 1465–1476.

Bodenhausen, G. V. Gabriel, S. & Lineberger, M. (2000). Sadness and susceptibility to judgmental
bias: the case of anchoring. Psychological Science, 11, 320–323.

Bortz, G. & Döring, N. (2006). Forschungsmethoden und Evaluation (4. Auflage). Heidelberg:
Springer.

Burghart Messtechnik. (2020). Sondertests. Abgerufen 05. Mai 2020, von https://www.burghart-
mt.de/de/medizintechnik/sniffinsticks-taste-strips/sondertests.html

Chapman, G. B. & Johnson, E. J. (1999). Anchoring, activation, and the construction of values.
Organizational Behaviour and Human Decision Processes, 79, 1-39.

Cervone, D. & Peake, P. K. (1986). Anchoring, efficacy, and action: the influence of judgmental
heuristics on self-efficacy judgments and behaviour. Journal of Personality
and Social Psychology, 50, 492–501.

Critcher, C. R. & Gilovich, T. (2008). Incidental environmental anchor. Journal of Behavioural
Decision Making, 21, 241-251.

Damjanovic, L., Wilkinson, H. & Lloyd, J. (2018). Sweet Emotion: The Role of Odour-induced Context in the Search Advantage for Happy Facial Expressions. Chemical senses, 43 (3), 139-150.

Delplanque, S., Grandjean, D., Chrea, C., Aymard, L., Cayeux, I., Le Clave, B., Verlazco, M. I., Scherer, K. R. & Sander, D. (2008). Emotional Processing of Odours: Evidence for a Nonlinear Relation between Pleasantness and Familiarity Evaluations. Chemical Senses, 33, 469-479.

Doty, R. L. & Laing, D. G. (2003). Psychological Measurement of Olfactory Function, including Odorant Mixture Assessment. In Doty, R. L. (Hrsg.), Handbook of Olfaction and Gustation (2. Auflage), S. 203-228. New York: Wiley-Blackwell.

Eibenstein, A., Fioretti, A. B., Lena, C., Rosati, N., Amabile G. & Fusetti, M. (2005). Modern psychophysical tests to assess olfactory function. Neurological Sciences, 26, 147-155.

Eid, M., Gollwitzer, M. & Schmitt, M. (2015). Statistik- und Forschungsmethoden (4. Auflage). Weinheim: Beltz.

Endevelt-Shapira, Y., Shushan, S., Roth, Y. & Sobel, N. (2014). Disinhibition of olfaction: Human olfactory performance improves following low levels of alcohol. Behavioural Brain Research, 272, 66–74.

Englich, B. & Mussweiler, T. (2001). Sentencing under uncertainty: anchoring effects in the courtroom. Journal of Applied Social Psychology, 31, 1535–1551.

Englich, B., Mussweiler, T. & Strack, F. (2005). The last word in court – a hidden disadvantage for the defence. Law and Human Behaviour, 29, 705–722.

Englich, B., Mussweiler, T. & Strack, F. (2006). Playing dice with criminal sentences: The influence of irrelevant anchors on experts' judicial decision making. Personality and Social Psychology Bulletin, 32, 188–200.

Englich, B. & Soder, K. (2009). Moody experts – how mood and expertise influence judgmental anchoring. Judgmental and Decision Making, 4, 41–50.

Epley, N. & Gilovich, T. (2001). Putting adjustment back into the anchoring and adjustment heuristic: differential processing of self-generated and experimenter-provided anchors. Psychological Science, 12, 391–396.

Epley, N. & Gilovich, T. (2005). When effortful thinking influences judgmental anchoring: differential effects of forewarning and incentives on self-generated and externally provided anchors. Journal of Behavioural Decision Making, 18, 199–212.

Epley, N. & Gilovich, T. (2006). The anchoring-and-adjustment heuristic: why the adjustments are insufficient. Psychological science, 17, 311–318.

Eroglu, C. & Croxton, K. L. (2010). Biases in judgmental adjustments of statistical forecasts: the role of individual differences. International Journal of Forecasting, 26, 116–133.

Esch, F. -R. (2005). Strategie und Technik der Markenführung (9. Auflage). Vahlen: München.

Fiore, A. M., Yah, X. & Yoh, E. (2000). Effects of Product Display and Environmental Fragrancing on Approach Responses and Pleasurable Experiences. Psychology and Marketing, 17 (1), 27-54.

Furnham, A. & Chu Boo, H. (2011). A literature review of the anchoring effect. The Journal of Socio-Economics, 40, 35-42.

Galinsky, A. D., & Mussweiler, T. (2001). First offers as anchors: The role of perspective-taking and negotiator focus. Journal of Personality and Social Psychology, 81, 657–669.

Geruchswahrnehmung. (2000). Abgerufen 3. Mai 2020, von https://www.spektrum.de/lexikon/psychologie/geruchswahrnehmung/5775.

Girard, M., Girard, A., Meyer, A., Rosenbusch, B. & Müller-Grünow, R. (2013). Markenduft als Treiber der Service Experience. Marketing Review St. Gallen, 6, 70-80.

Goel, N. & Grasso D. J. (2004). Olfactory discrimination and transient mood change in young men and women: variation by season, mood state, and time of day. Chronobiology International, 21 (4-5), 691-719.

Hastie, R., Schkade, D. A. & Payne, J. W. (1999). Juror judgment in civil cases: effects of plaintiff's requests and plaintiff's identity on punitive damage awards. Law and Human Behavior, 23, 445–470.

Hermans, D., Baeyens, F. & Eelen, P. (1998). Odors as affective-processing context for word evaluation: a case of cross-modal affective priming. Cognition and Emotion, 12 (4), 601–613.

Herz, R. (2004). A Naturalistic Analysis of Autobiographical Memories Triggered by Olfactory, Visual and Auditory Stimuli. Chemical Senses, 29, 217-224.

Heuberger, E., Hongratanaworakit, T., Bohm, C., Weber, R. & Buchbauer, G. (2001). Effects of chiral fragrances on human autonomic nervous system parameters and self-evaluation. Chemical Senses, 26, 281–292.

Hirsch, A. R. (1995). Effects of Ambient Odours on Slot-Machine Usage in a Las Vegas Casino. Psychology and Marketing, 12(7), 585–594.

Holland, R. W., Hendricks, M. & Aarts, H. (2005). Smells like Clean Spirit: Nonconscious Effects of Scent on Cognition and Behaviour. Psychological Science, 19 (9), 689-693.

Hultén, B. (2011). Sensory marketing: the multi-sensory-brand-experience concept. European Business Review, 23 (3), 256-273.

Hummel, T., Rosenheim, K., Konnerth, C. -G., & Kobal, G. (2001). Screening of Olfactory Function with a Four-Minute Odor Identification Test: Reliability, Normative Data, and Investigations in Patients with Olfactory Loss. Annals of Otology, Rhinology and Laryngology, 110 (10), 976–981.

Inoue, N., Kuroda, K., Sugimoto, A., Kakuda, T. & Fushiki, T. (2003). Autonomic nervous responses according to preference for the odour of jasmine tea. Bioscience, Biotechnology and Biochemistry, 67, 1206–1214.

Jacowitz, K. E. & Kahneman, D. (1995). Measures of anchoring in estimation tasks. Personality and Social Psychology Bulletin, 21, 1161–1167.

Jäncke, L. (2013). Kognitive Neurowissenschaften. Bern: Huber.

Jetter, M. & Walker, J. K. (2017). Anchoring in financial decision-making: Evidence from Jeopardy. Journal of Economic Behavior & Organization, 141, 164–176.

Jonas, K., Stroebe, W. & Hewstone, M. (2014). Sozialpsychologie (6. Auflage). Heidelberg: Springer.

Kahneman, D. (2014). Schnellen denken, langsames denken (7. Auflage). München: Pantheon.

Knasko, S. C. (1992). Ambient odor's effect on creativity, mood, and perceived health. Chemical Senses, 17, 27–35.

Kohler, C. G., Barrett, F. S., Gur, R. C., Turetsky, B. I. & Moberg, P. J. (2007). Association between facial emotion recognition and odor identification in schizophrenia. The Journal of Neuropsychiatry Clinical Neuroscience, 19, 128-3.

Kuhl, J. (2010). Lehrbuch der Persönlichkeitspsychologie. Motivation, Emotion und Selbststeuerung. Göttingen: Hogrefe.

De Lange, M. A., Debets, L. W., Ruitenburg, K. & Holland, R. W. (2012). Making less of a mess: Scent exposure as a tool for behavioural change. Social Influence, 7, 90-97.

LeBoeuf, R. A. & Shafir, E. (2009). Anchoring on the "Here" and "Now" in time and distance judgments. Journal of Experimental Psychology, 35, 81–93.

Lehrner, J., Marwinski, G., Lehr, S., Johren, P. & Deecke, L. (2005). Ambient odours of orange and lavender reduce anxiety and improve mood in a dental office. Physiology and Behavior, 86, 92–95.

Li, W., Moallem, I. & Paller, K. A. (2007). Subliminal Smells can Guide Social Preferences. Psychological Science, 18, 1044-1049.

Liljenquist, K., Zhong, C. & Galinsky, A. D. (2010). The Smell of Virtue: Clean Scents Promote Reciprocity and Charity. Psychological Science, 21 (3), 381-383.

Lorko, M., Servátka M. & Zhang, L. (2019). Anchoring in project duration estimation. Journal of Economic Behaviour and Organization, 162, 49–65.

McCoy, N. L. & Pitinio, L. (2002). Pheromonal influences on sociosexual behaviour in young women. Journal of Physiology and behaviour, 75, 367-375.

McElroy, T. & Dowd, K. (2007). Susceptibility to anchoring effects: how openness-to-experience influences responses to anchoring cues. Judgment and Decision Making, 2, 48–53.

Millot, J. -L. & Brand, G. (2001). Effects of pleasant and unpleasant ambient odours on human voice pitch. Neuroscience Letters, 297, 61–63.

Millot, J. -L. & Brand, G. & Morand, N. (2002). Effects of ambient odours on reaction time in humans. Neuroscience Letters, 322, 79–82.

Müller, C. & Renner, B. (2006). A new procedure for the short screening of olfactory function using five items from "Sniffin 'Sticks" identification test kit. American Journal of Rhinology, 20, 113-116.

Müller-Grünow, R. (2010). Markenkommunikation. In: Görg, U. (Hrsg.), Erfolgreiche Markendifferenzierung (S. 250-259). Wiesbaden: Gabler.

Müller-Gründow, R. (2018). Die geheime Macht der Düfte. Hamburg: Edel Books.

Mussweiler, T. (2003). The durability of anchoring effects. European Journal of Social Psychology, 31, 431–442

Mussweiler, T. & Englich, B. (2005). Subliminal anchoring: judgmental consequences and underlying mechanisms. Organizational Behavior and Human Decision Processes, 98, 133–143.

Mussweiler, T. & Strack, F. (1999). Hypothesis-consistent testing and semantic priming in the anchoring paradigm: a selective accessibility model. Journal of Experimental Social Psychology, 35, 136-164.

Mussweiler, T. & Strack, F. (2000). The Use of Category and Exemplar Knowledge in the Solution of Anchoring Tasks. Journal of Personality and Social Psychology, 78, 1038-1052.

Mussweiler, T., & Strack, F. (2001a). Considering the impossible: explaining the effects of implausible anchors. Social Cognition, 19, 145-160.

Mussweiler, T. & Strack, F. (2001b). The semantics of anchoring. Organizational Behaviour and Human Decision Processes, 86, 234-255.

Mussweiler, T., Strack, F. & Pfeiffer, T. (2000). Overcoming the inevitable anchoring effect: considering the opposite compensates for selective accessibility. Personality and Social Psychology Bulletin, 26, 1142–1150.

Northcraft, G. B. & Neale, M. A. (1987). Experts, amateurs, and real estate: an anchoring and-adjustment perspective on property pricing decisions. Organizational Behaviour and Human Decision Processes, 39, 84–97.

Oechssler, J., Roider, S. & Schmitz, P. W. (2009). Cognitive abilities and behavioral biases. Journal of Economic Behavior and Organization, 72, 147–152.

Pinel, J. P. J. & Pauli, P. (2012). Biopsychologie (8. Auflage). München: Person.

Plous, S. (1989). Thinking the unthinkable: the effects of anchoring on likelihood estimates of nuclear war. Journal of Applied Social Psychology, 19, 67–91.

Raab, G., Unger, A. & Unger, F. (2016). Marktpsychologie: Grundlagen und Anwendung (4. Auflage). Wiesbaden: Springer Gabler.

Rempel, J.-E. (2006). Olfaktorische Reize in der Markenkommunikation. Theoretische Grundlagen und empirische Erkenntnisse zum Einsatz von Düften. Wiesbaden: Deutscher Universitätsverlag.

Rouby, C., Schaal, B., Dubois, D., Gervais, R. & Holley, A. (2005). Olfaction, taste and cognition. Cambridge: Cambridge University Press.

Saint-Bauzel, R. & Fointiat, V. (2012). The sweet smell of the requester: vanilla, camphor, and foot-in-the-door. Social Behaviour and Personality: An international journal, 40 (3), 369-374.

Schandry, R. (2011). Biologische Psychologie (3. Auflage). Weinheim: Psychologie Verlags Union.

Schwarz, N. (1990). Feeling as information: Moods influence judgments and processing strategies. In E. T. Higgins & R. M. Sorrentino (Hrsg.), Handbook of motivation and cognition: Foundations of social behavior (2. Auflage, S. 527–561). New York: Guildford Press.

Schwarz, N. (1998). Warmer and more social: Recent development in cognitive social psychology. Annual Reviews Sociology, 24, 239–264.

Shiloh, S., Salto, E. & Sharabi, D. (2002). Individual differences in rational and intuitive thinking styles as predictors of heuristic responses and framing effects. Personality and Individual Differences, 32, 415-429.

Soudry, Y., Lemogne, C., Malinvaud, D., Consoli, S. M., & Bonfils, P. (2011). Olfactory system and emotion: common substrates. European annals of otorhinolaryngology, head and neck diseases, 128 (1), 18-23.

Stern, K. & McClintock, M. K. (1998). Regulation of ovulation by human pheromones. Nature, 292, 177–179.

Stöhr, A. (1998). Air-Design als Erfolgsfaktor im Handel - Modellgestützte Erfolgsbeurteilung und strategische Empfehlungen. Wiesbaden: Gabler.

Strack, F., Bahník, S. & Mussweiler, T. (2016). Anchoring: accessibility as cause of judgmental assimilation. Current Opinion in Psychology, 12, 67-70.

Strack, F. & Mussweiler, T. (1997). Explaining the enigmatic anchoring effect: mechanism of selective accessibility. Journal of Personality and Social Psychology, 94, 672-695.

Thomas, K. & Handley, S. (2008). Anchoring in time estimation. Acta Psychologia, 127, 24–29.

Thorsteinson, T., Breier, J., Atwell, A., Hamilton, C. & Privette, M. (2008). Anchoring effects on performance judgements. Organizational Behavior and Human Decision Processes, 107, 29–40.

Toffolo, M. B. J., Smeets, M. A. M. & Van den Hout, M. A. (2012). Proust revisited: Odors as triggers of a aversive memories. Cognition and Emotion, 26 (1), 83–92.

Tversky, A. & Kahneman, D. (1974). Judgment under uncertainty: heuristics and biases. Science, 185, 1124–1131.

Ünveren, B. & Baycar, K. (2019). Historical evidence for anchoring bias: The 1875 cadastral survey in Istanbul. Journal of Economic Psychology, 73, 1–14.

Van Exel, N., Brouwer, W., van den Berg, B. & Koopmanschap, M. (2006). With a little help from an anchor. Discussion and evidence of anchoring effects in contingent valuation. Journal of Socio-Economics, 35, 836–853.

Wansink, B., Kent, R. J. & Hoch, S. J. (1998). An Anchoring and Adjustment Model of Purchase Quantity Decisions. Journal of Personality and Social Psychology, 81, 71–81.

Weber, S. T. & Heuberger, E. (2008). The impact of natural odors on affective states in humans. Chemical senses, 33 (5), 441-447.

Wegener, D. T., Petty, R. E., Blankenship, K. L. & Detweiler-Bedell, B. (2010). Elaboration and numerical anchoring: implications of attitude theories for consumer judgment and decision making. Journal of Consumer Psychology, 20, 5–16.

Wegener, D. T., Petty, R. E., Detweiler-Bedell, B. & Jarvis, W.B.G. (2001). Implications of attitude change theories for numerical anchoring: anchor plausibility and the limits of anchor effectiveness. Journal of Experimental Social Psychology, 37, 62–69.

Wilson, T. D., Houston, C. E., Etling, K. M. & Brekke, N. (1996). A new look at anchoring effects: basic anchoring and its antecedents. Journal of Experimental Psychology, 125, 387–402.

Wolfensberger, M. & Schnieper, I. (1999). Sniffin' Sticks: Ein neues Instrument zur Geruchsprüfung im klinischen Alltag. HNO, 47(7), 629-636.

BEI GRIN MACHT SICH IHR WISSEN BEZAHLT

- Wir veröffentlichen Ihre Hausarbeit, Bachelor- und Masterarbeit

- Ihr eigenes eBook und Buch - weltweit in allen wichtigen Shops

- Verdienen Sie an jedem Verkauf

Jetzt bei www.GRIN.com hochladen und kostenlos publizieren